Mijn buik lust geen gluten!

Joanne Moerman

Colofon

Geschreven door:
Joanne Moerman

Illustraties van:
Joanne Moerman

Uitgegeven door:
Graviant educatieve uitgaven

© september 2016

ISBN 978-9491337895

Woord vooraf

Dit prentenboekje is geschreven en getekend voor jonge kinderen met een glutenallergie en voor al hun leeftijdsgenootjes. In dit boekje wordt op een eenvoudige manier verteld over de klachten, het onderzoek en alle consequenties rond deze allergie. De insteek is positief en het verhaal sluit aan bij de belevingswereld van een kind.

Dit boekje is informatief maar door de vrolijke tekeningen en de korte teksten is het ook een leuk voorleesverhaal.
Voor kinderen vanaf 3 jaar.

Ik ben Hanna.

Ik houd van zingen en dansen.

En ik houd ook van mooie kleren.

Maar niet met strak elastiek.

Want dat doet zeer aan mijn buik!

Mijn buik doet eigenlijk heel vaak zeer!

Als ik net heb gegeten
dan, doet mijn buik het meest pijn.
Als ik thuis een boterham eet,
of als papa macaroni maakt.

Dan zit ik na het eten heel lang op de WC.

Of ik lig op de bank en dan doe ik mijn handen heel strak tegen mijn buik.

Dat helpt een heel klein beetje.

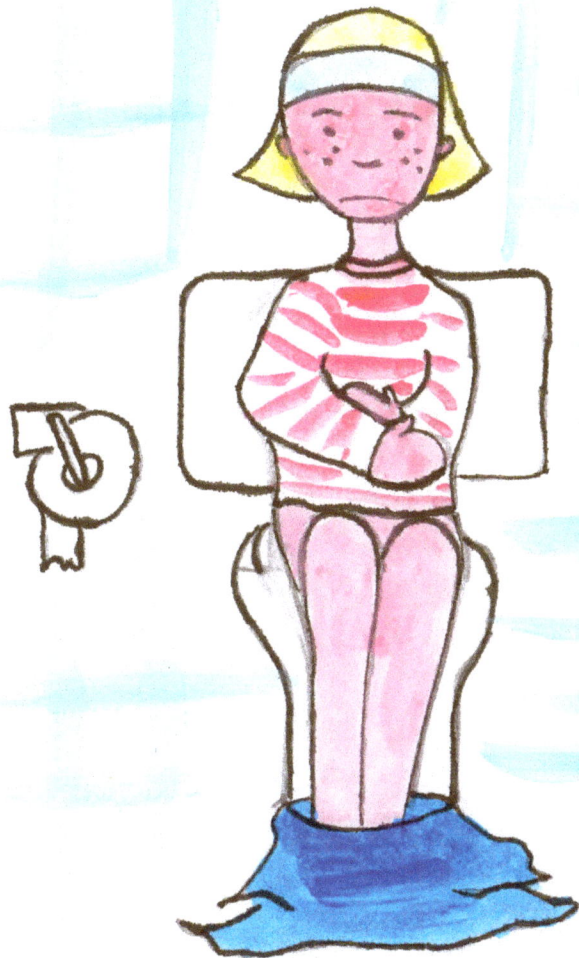

Mama zegt: "we zullen jouw buik eens
aan de dokter laten zien".
Kijk dit is de dokter.
Hij voelt aan mijn buik en luistert
met een stethoscoop.
Zou mijn buik iets tegen de dokter zeggen?

Ik moet naar het ziekenhuis.

Niet in een bed hoor

maar, in een wachtkamer met speeltjes.

Wat zal ik het eerst gaan doen?

Jammer, ik moet al bij de dokter komen.

Ik mag in een grote stoel zitten.

Ik krijg een bandje heel strak om mijn arm.

Dan prikt de dokter in mijn arm.

Au, dat doet zeer.

Ik kijk snel naar de plaatjes aan de muur!

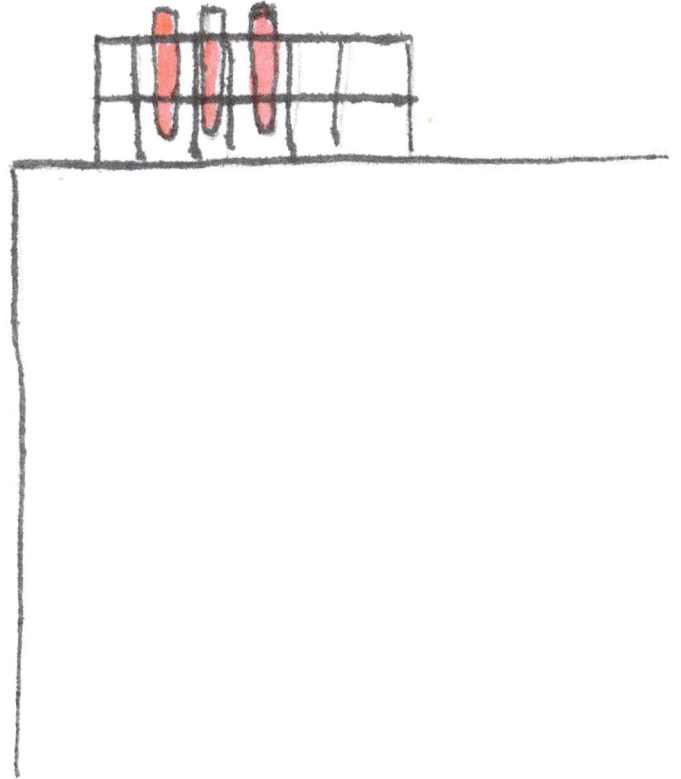

Als de prik voorbij is mag ik

van mama een ballon uitkiezen.

Ik kies…………… Een dolfijn.

Een prik is niet leuk

maar, het is wel gauw voorbij.

Mijn buik doet nog steeds een beetje zeer.

De dokter weet wat er met jouw
buik is Hanna.
Jouw buik lust geen gluten.
Gluten is iets wat in tarwe zit.
Jouw buik kan niet tegen eten of drinken
waarin gluten zitten.
Daarom doet jouw buik vaak pijn.

"We geven jouw buik geen gluten meer",
zegt mama.
Geen koekjes, geen cakejes,
krentenbollen of brood.
En ook geen spaghetti en macaroni meer.
Stoute buik, jij lust geen gluten,
maar ik lust ze wel!

In de supermarkt kopen we boodschappen zonder gluten erin.

Er staat dan een plaatje op van een korenhalm met een streep erdoor.

Er zijn veel lekkere dingen.

Ook brood, krentenbrood en koekjes.

Ik bak met mama wafels zonder gluten.

En papa maakt apart macaroni en spaghetti voor mij!

Kijk ik eet ook een boterham.

Een glutenvrije boterham.

Lekker hoor!

Soms vind ik het jammer dat
mijn buik geen gluten lust.
Als een jarig kindje iets lekkers trakteert
in de klas.
Of als ik een feestje heb.
Dan neem ik zelf een pannenkoek
of cakeje mee.
Dat kan ook.

Als ik later groot ben wil ik bakker worden.
Dan maak ik hele lekkere taartjes en koekjes
zonder gluten.

Over de auteur

Joanne Moerman-Bijlaar (1983) is moeder van Mieke, Hanna en Martijn. Bij Hanna is een aantal jaren geleden een glutenallergie of coeliakie geconstateerd. Joanne ging op zoek naar informatie over deze allergie speciaal gericht op (jonge) kinderen en ontdekte dat die er vrijwel niet was. Daarop besloot zij zelf een boekje te schrijven en te illustreren. Het resultaat is dit boekje. Een boekje dat qua verhaal aansluit bij de belevingswereld van het jonge kind en waarin op een eenvoudige wijze informatie wordt gegeven over glutenallergie.

www.ingramcontent.com/pod-product-compliance
Lightning Source LLC
Chambersburg PA
CBHW040849100426
42813CB00015B/2752